學習，動起來 1

英國：創造力的學習

文—陳雅慧　攝影—楊煥世

目錄
contents

1 正在設計祕密基地的孩子。

2 學校戶外的沙坑跟教室差不多大。

3 玩，是小孩子的權利，下課每一分鐘都要用力玩。

4 小學教室外面掛著五顏六色的雨鞋和雨衣。因為不管雨天晴天都要出去玩。

1 藝術課，來自巴基斯坦的中學女生，要做一個和自己頭巾一樣美麗的花瓶。

2 華德福學校的體育課，學生動作看起來就像專業的體操隊，高年級的學長姊也來當助教。

3 沙坑也可以是教室，玩沙子也是上課的一部分。

4 伯朗罕星堤（中東學校）國小幼兒園部的小孩在做自己的學習紀錄。

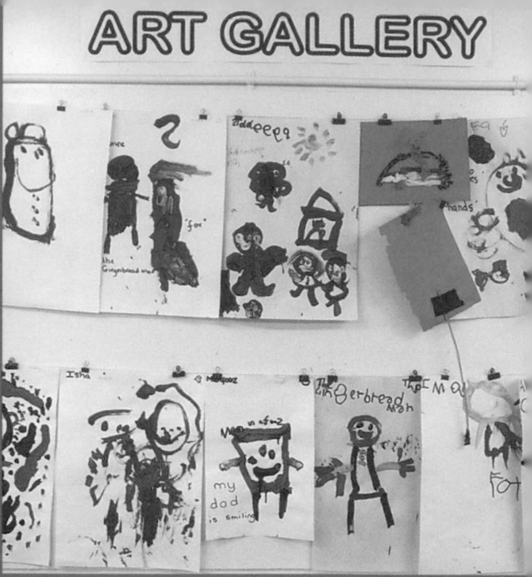

1 2 3
4 5

1 音樂課裡實際體會音叉的震動，也是最好的自然課。

2 期中報告和評量，一定要用紙和筆嗎？

3 幼兒園小朋友展示自己的作品。

4 愛麗柯斯知道醋比油重，而且是透過自己的手證明出來的。

5 識字計畫可以從製作廣播節目的聽與說起步。

MADLEY

INVENT
MADLEY

【企劃緣起】

啟動教與學的革命

何琦瑜——《親子天下》總編輯

二〇一二年，一場決定台灣未來的教育大改革正式啟動：十二年國教時代即將開始，整個社會再一次喧騰翻攪著關於基礎教育的討論。很可惜的是，多數的爭辯，仍然圍繞著「考試的題型」與「進入好學校的方法」。

簡化來說，台灣社會普遍存在著兩種極端價值觀的衝突：

一端是憂心忡忡的「精英主義派」，他們擔心：如果不考試學生怎麼會念書？如果沒有考試，學生怎麼管理？如果沒有考試，沒有辦法將學生分出層次，教師將無法因材施教，高中會陷落於平庸化，精英教育將會被消弭……

另一端是視考試為禁忌的「快樂學習」派，他們主張：只要有任何「類考試」形式的成績、比賽或競爭，都是該打擊、消滅，務必除之而後快的障礙。

彷彿要達到「成就每一個孩子」的理想，必須在「沒有考試」的前提下，才有實現的可能。這兩股看似相反的力量，卻恰巧有著極大的共識，都是「以考試為中心」展開對教育的檢驗和思考。十七年前的教改，從這裡出發，卻在困局中迷了路。即將邁向十二年國教時代的今日，絕對不能再以此為起點。

拜託！問題是教學！

做為長期關注教育的媒體工作者，同時也是家有兩個國中小孩子的母親，我很明白家長和教師，乃至第一線教育工作者們的焦慮。所有人都急著處理眼前立即會發生的困難：不考試怎麼入學？超額比序是否公平？我的孩子要補什麼才能進入好學校？明星學校會不會被消滅……但整個社會耗用了太多的資源在爭辯無謂的假議題，卻令我更為憂心。

這個號稱極度關注教育的國度，卻鮮少人真正在意並了解學生們的「學習」歷程，鮮少人討論全世界更關注的教育趨勢：在這變化愈來愈快的全球化社會中，當google搜尋得到所有過去讓學生死背的資訊之際；當研究顯示，現在小孩們未來的工作，六成都還未發明之時，我們的基礎教育，到底應該教些什麼，才能幫助下一代得以擁有自我實現的人生？幫助整個國家擁有不斷提升、進步的潛能？

這是一個目前仍舊沒有標準答案的難題，但許多國家都在勇於探索、實驗、尋找適合自己的「最佳解」。面對十二年國教，除了「考試的科目」與「入學的方法」之外，我們更應該要問的是，基礎教育的第一現場：學校、教室、教師，到底應該要做哪些改變，才能幫助下一代，更有適應未來社會、實現自我的能力？走訪台灣的國中，那種與三十年前雷同，「不變應萬變」的教學現場：一位聲嘶力竭拿著麥克風從頭講到尾的老師，多數沉默被動的學生。不變的教室風景，早已無法因應新時代與新需求。

根據《親子天下》的調查顯示，近六成的國中生沒有強烈的學習動機；近六成的學生，下課後鮮少有意願主動學習新知，包含看課外書、培養自己的興趣嗜好，都意興闌珊；三年的國中教育，並沒有幫助國中生裝備自己，成為更有自信、更熱愛學習的人；反而「愈學愈不滿意，愈學愈失去熱情」。學校教育，加速讓學生「從學習中逃走」。

《親子天下》的調查結果並不獨特。在多次TIMSS「國際數學與科學成就趨勢調查」中也發現，台灣十三歲國中生的數學與科學成績稱羨國際，通常都能拿到世界前三名，但是國中生的學習興趣與自信，卻超級低落。學習，是一種沒有樂趣的「勉強」。但，僅僅是拿掉基測與考試，學生的學習動機、熱情與意願，就會「恢復正常」了嗎？答案恐怕也是否定的。

考試之外，教師的新裝備

長期以來，「考試」，已經是台灣教師管理或刺激學生學習唯一且最重要的工具，如今斷然拿掉了考試，卻沒有提供教師新的裝備與能力。這種情況就好像是零體罰入法之後，教師傳統的管教工具——體罰被拿走，卻沒有建構新的輔導管理知能，教室必然會面對一場管教或學習的「真空期」，混亂和束手無策的無力感充斥。

應該要更積極的，是去想像、準備，沒有了「考試領導教學」，或是「考試取代教學」的緊箍咒之後，新的教學風貌應該是如何呢？

做為長期關注教育的媒體，《親子天下》因而規劃了連續三期的越洋採訪，試圖帶讀者走到世界，探索二十一世紀，新的學習樣貌：

鄰近的日本，正在進行一場「學習共同體的革命」。日本曾與台灣有著雷同的命運。二〇〇二年，日本政府實施「寬鬆教育」，減少三成的教科書內容、增加選修、降低必修課程分量，回應社會普遍對於「學生壓力太大」的呼求。但降低期待與內容的快樂學習，卻無法重建學生的學習動機、解救崩壞的學力。

於此同時，東京大學教育學研究科教授佐藤學，開始推動「學習共同體」的革命，試圖從問題的核心：教與學的改造切入。他帶著老師和學校打開教室的大門，透過不斷的觀課、同儕學習，打造老師成為「少說多聽」的「學習專家」。學生從學習的「旁觀者」，透過專題式的教學設計與活動，成為課堂中活躍的「參與者」。這場寧靜革命成功改變了三千多所學校的風貌，許多面臨崩壞的公立學校，重新找回失落的學力，也改善了校園霸凌、少年犯罪等，因「學習的無效」衍生的問題。

二〇一二年成功辦完奧運的英國，更激烈的在全面導入中小學的自由化：鼓勵更多公辦民營學校，讓有領導能力的校長，得以擁有更多資源與自主權，「管理」更多學校。讓每個學校得以根據當地學生的需求，發展差異化的課程和教學，滿足不同家長和學生，更多元的教育選擇權。

另一方面，英國政府撥出十四億台幣的預算，將「創造力教育」導入中小學，把藝術家帶入校園，激發「多元的學習方式」，幫助偏鄉、弱勢的孩子，提升基礎教育的品質。

影片中，英國學校的教室樣貌、學習途徑如此多元，從「學習者」出發的學習環境與教學體驗，不是貴族學校的特權，而是更多使用在弱勢、邊陲、甚至是中輟生的學習上；移民英國的台灣女孩洪少芸的故事，在在提醒我們，除了「升學」之外，台灣基礎教育還有太多值得思考和規劃的重點。

二〇〇九年，上海在ＰＩＳＡ國際學生能力評量中，獲得閱讀、數學、科學三項世界第一，驚動了歐美等先進國家，國際媒體不約而同的探索「上海模式」，想了解這個曾被認為落後的中國，如何在短時間內躍進教育。

《親子天下》的採訪團隊，原本抱持著質疑的偏見，揣想這又是中國大陸極權政府民族主義的操作結果。但在採訪上海二次教改的變革中，我們卻著急的發現台灣的落後。上海ＰＩＳＡ研究中心副主任陸璟，在影片中的專訪，緩緩的說，上海導入ＰＩＳＡ，目的是希望上海的教育，能以「國際的座標」來衡量質量，借重比較成熟的、有公信力的國際測試，建立自己的教育監測系統；同時培養政府得以「基於證據做教育決策」的能力。陸璟的每一句話，都深深重擊台灣教育政策品質的脆弱。

上海導入國際標準，改造教科書與教學，培養學生整合性的思考能力。這一、兩年陸續有台灣的學者專家、校長老師往返上海考察，大概都有共同的觀察和指向：上海的課程改革，讓教室內的學習重點，大幅擺脫過往「滿堂灌」（填鴨）的陋習，課堂中透過長篇有意義的文本，導引師生間的討論與提問，多過於「將課文碎屍萬段的教導」。

從日本、英國到上海，另一個值得台灣警醒的共同行動，是關乎「教師的學習與專業精進」。

當台灣還在為「校長觀課是否合乎法源」、「校長觀課會傷害老師職業尊嚴」爭論不休，不敢有所決定之際，鄰近的「競爭者」上海，早就把觀課、評課，當成教師同儕學習必要的「裝備」。在中國也早有和日本合作，導入「學習共同體」的學校。

不論先進國家如英國，鄰近已開發國家如日本，甚或被認為社會某些部分發展還不及台灣的中國上海，教師的精進與學習、教師團隊的建構、教師角色的轉型，都是教育改革最前鋒的關鍵重點。

沒有任何一種教育的改革，可以脫離「教室與課程的內涵」、不理會「教師的成長」，而獲致成功。我們很欣喜的看見，在《親子天下》雜誌連續報導日本、英國、上海的個案後，有遠見的教育政策領導人，已經開始採取作為，往這兩個關鍵鷹架挪動。台北市、新北市的教育局長，已經宣告要規劃啟動中小學的「學習共同體」專案。台北市的特色招生考試，也決定採取參考PISA的模式，以能力導向的素養題型，試圖導引教學現場擺脫背多分的填鴨練習，培養學生更多獨立思考、判斷、邏輯推理的能力。

除了雜誌報導之外，在此次越洋專訪中，《親子天下》也特別拍攝了教學和報導現場的影片。讀過平面報導的讀者們，看到影片可以更能身歷其境，感受國外學習現場的氣氛，看見更多「具體」的課堂操作歷程。除了九月底出版英國和上海的影片專書外，我們也預計在明年初推出日本學習共同體的影片，希望提供給關心教育的讀者，更多元的視聽閱讀素材。

特別希望釐清的是，報導這些其他國家的經驗分享，並不是為了要稱頌「外國的月亮比較圓」，也不是期待有人照單全收，有樣學樣。事實上，從影片或文章中，我們也可窺見每個國家都有自己的難題。但台灣的焦慮並不獨特，無法自外於世界的潮流和變化中。我們期待，這些國外的案例、故事或素材，能夠幫助整體社會對於教育的討論，跳脫當下本地本國的爭議，提供一些望向遠方的視野，激盪出對教育的「另一種想像」。

從各國的經驗中，我們或許可以初步斷定：這場學習革命，不應該期盼單一或少數教師的改變，就能扭轉劣勢。而是需要整個系統的翻身改造，更需要家長和整體社會價值觀的支撐。

《親子天下》希望，透過這些跨國的採訪和分享，陪伴讀者一起探索二十一世紀學習的意義與方法，找出台灣教育的新路。

學習，可以這麼好玩！

一九九〇年代末期，英國中學生成績持續惡化，一九九七年起，英國人試圖用「創造力」改革教育，不增加新科目和新課程，反而把藝術家送進校園，他們想改變什麼？

上課模式超越講光抄，孩子圍坐地上像在劇場辦活動，他們想傳達什麼？

到英國教育現場，直擊創造力改革的威力。

「學校裡面我最喜歡的地方就是我的教室！」八歲的英國小學生愛麗柯斯和亨利不假思索的回答讓我很詫異。這樣年紀的孩子，他們最喜歡的學校角落不總是教室以外的沙坑、操場、溜滑梯嗎？

他們牽著我的手到二年級教室的學習角落參觀。因為導師是自然科老師，因此這個角落布置得就像一個小小科學博物館。愛麗柯斯給我看一支放著油和醋混合的試管：「你看喔，因為醋比油重，所以會沉在試管的下面，」她用力搖一搖油醋後放在

孩子進入學校前，帶著滿滿的好奇心。傳統學校的學習卻常常在不知不覺中為了塞進更多的知識，犧牲了孕育孩子創造力的學習空間。

架上，要我等試管靜置一下後，再檢查一次。亨利迫不及待的從櫃子裡拿出一台利用空氣壓力原理製作的寶特瓶動力小車，用力的擠壓小氣球，讓車子往前衝。

這兩個小學生用害羞的語氣和熱情的眼神告訴我：「學習，就是這麼好玩！」愛麗柯斯和亨利就讀的梅德利小學（Madley Primary School）在英國伯明罕郊區，從伯明罕坐火車還要大約一個小時。六十多歲的計程車司機阿嬤告訴我們，當地最大的「產業」，就是蘋果酒工廠和牧羊。

教育拉警報

學生成績持續惡化，青年失業率每況愈下

位在英格蘭半島中央的伯明罕是人口僅次於倫敦的英國第二大城市。傳統上，以製造重工業為經濟主體，城市發展因此面對產業外移和經濟轉型的龐大壓力。英國的伯明罕，很容易讓台灣人聯想到高雄。

因為過去以製造業為主的經濟型態要依靠大量勞工，伯明罕三成人口是外來移民，最主要來自巴基斯坦。新移民家庭的平均出生率是一般英國白人家庭的三倍，平均一對夫妻生五到六個小孩。二〇〇七年英國《每日電訊報》報導，英國新生男嬰最受歡迎的名字已經由「穆罕默德」取代「傑克」。

新一代的「英國人」面對巨大的改變和挑戰：傳統工作消失、創新經濟人才的需求孔急。創新人才要怎麼培育？大家都沒有明確的答案。五成七的伯明罕小學生和五成二的中學生父母是新移民。從伯明罕學校改革的行動，可以一

英國創意、文化與教育中心（CCE）執行長保羅・寇拉

窺英國面對的挑戰。

「一九九〇年代末期，英國十六歲學生的畢業學力檢測（GCSE）在英語和數學等基本能力科目中，學生成績持續惡化。能夠達到基礎水準的學生不到一半，在過去，這些學業成就低落的學生離開學校，還能進入工廠找到一份勞力工作維生。但這些工作都消失了……」英國創意、文化與教育中心（CCE，Creativity, Culture and Education）執行長保羅・寇拉（Paul Collard）指出，面對愈來愈高的青年失業率，政府無法迴避改革教育的危機。保羅・寇拉分析英國選擇用創造力改革教育的歷史背景，「英國政府研究指出，現在還在念書的學生，他們未來的工作有六成都還沒有『被發明』！」面對這樣的未來，傳統教育失靈，迫切需要被改變。

創造力改革
啟動「創意夥伴計畫」，把藝術家送進教室

一九九七年，英國工黨提出「教育第一」口號當選執政，投入用創造力改革教育的計畫。在工黨政府支持下，創意、文化與教育中心（CCE）成立，二〇〇二年推出「創意夥伴計畫」（creative partnerships）成為英國創造力教育旗艦計畫，到二〇一一年為止，和兩千七百所英國中小學合作。超過一成以上的英國中小學曾經參與這項計畫。

創意夥伴計畫的基本模式是把藝術家送進教室，帶進創造的元素，成為傳統教育改革的觸媒。最核心的理念是要改變知識的單向傳播方式，要讓學生參與學習，感受學習和生活息息相關，從學習中建立個人的成功經驗，讓自信心扎根。

「就是要建立一種『友善小孩』的學習方式，」保羅・寇拉說。

創意夥伴計畫的執行並不是增加學校的「創意課程」，而是協助學校尋找一種新的學習途徑。這項計畫最先進入的是在傳統學習上遇到困難的學校，因為在這些學校裡，學生已經失去學習的信心，覺得自己不能、不行。

創意夥伴計畫的合作模式有三種，第一種是以「諮詢學校」的方式加入。這種合作模式的期間是一年，學校將會獲得CCE三千英鎊（約十四萬一千台幣）的預算，學校本身則必須提出約一千英鎊的預算（約四

讓學生參與學習，感受學習和生活息息相關，讓自信心扎根。

萬七千台幣)。

第二種則是「變革學校」,英國有八五五所學校參與計畫。合作模式三年,每年CCE撥一萬五千英鎊(七十萬五千台幣),學校自己必須提出五千英鎊(二十三萬五千台幣)的預算。參與變革學校計畫的學校,必須有積極改變的決心。將駐校藝術家視為「直言不諱」的好朋友,學校須指定一位專職的人員擔任計畫的共同負責人。

第三種則是「創意學校」的合作。CCE挑選原本在創意教育就表現傑出的學校,更深度的合作培養這些學校成為該區域的區域創意中心。三年期間,每一年學校除了自行提列的五千英鎊預算(約二十三萬五千台幣),將會獲得額外兩萬英鎊的投入(約九十四萬台幣)。

除資金之外,不同合作模式的學校,都會另外聘請駐校藝術家,協助發展出該校的創意教育策略。合作密度最深的「創意學校」,CCE除了駐校藝術家外,還有專業的教育顧問協助學校研發和執行未來的策略。

現代孩子未來的工作可能還沒有被發明，在學校學習的知識畢業以後可能沒有用。如何協助他們在學習中找到樂趣和吸引他們真正參與學習是大人的挑戰。

三月的早上，在伯明罕市中心，司機依循我們筆記裡的地址索引，不太確定的停在購物廣場附近。似乎穿過前面教堂，就是我們要找的「虛擬學院」。沒有招牌、沒有指標，在一個社區活動中心的二樓，虛擬學院主任艾莉森（Allison Rogers）正等著我們。

虛擬學院是一所「中途學校」，專門接收中學輟學生，協助他們重新回到主流學校和社會。已經教書四十年的艾莉森說：「我們要幫助這些孩子趕走對學習的恐懼。因為他們多半都覺得自己很笨、學不會。所以我們要幫忙他們找到自己喜歡的東西，幫他們設計出適合自己的課程，一點一點建立自信心。所以，我們本來就需要一種『不一樣』的學習。」

艾莉森說要帶我們參觀他們的「數學課」。進到教室裡，六、七位學生圍著老師和電視。老師正在播放幾段短片，都是關於金融機構推銷貸款和信用卡的廣告。每一段廣告播完，老師要學生試著仔細的精算廣告裡面已經告訴你的優惠，和可能發生的費用以及最後必須付出的利率。老師解釋複合利率的計算模式，並實際算出廣告個案中貸款金額和利率。

十四歲的莉莉看起來和任何街上的英國青少年沒有不同。但是，她去年六月因為同學霸凌離開學校，就沒有回去過。媽媽開了一間美容沙龍，她原本想在自己家的沙龍工作，不再繼續念書。現在她在虛擬學院上學，跟著老師和同學在伯明罕參觀許多的藝文活動，下一個月也要和同學一起演出莎士比亞的舞台劇，「老實說，半年前我無法想像自己會繼續上學，也更不可能想到我會演什麼莎士比亞。」艾莉森在介紹「虛擬學院」時告訴我：「協助孩子找回學習的自信，一點一點建立成功經驗，可以讓他們覺得學習很快樂、很安全。不催孩子，他們準備好了想要往前走就告訴我們。其實，這也是找回他們的人生。」

虛擬學院是一所「中途學校」，專門接收中學輟學生，協助他們重新回到主流學校和社會。

釋放創造力

造一個沒鐘聲、不排排坐的教室

一所創造力學校有幾項重要的特色，從外在看學習的方式，老師的角色、教室的空間和上課的時間都和傳統學校大大不同。

傳統的學習，老師單向的教學、學生排排坐、上下課依據鐘聲。但是，在釋放創造力的學習裡，老師只是協助者、教室的空間設計成便於互動和討論的工作坊、上下課時間依據主題可能延

創造力教育和傳統教育有何不同？

	創造力教育	傳統教育
老師的角色	協助者	說教者
學習活動本質	真實的	設計的
時間安排	彈性的	依據鐘聲
空間安排	工作坊	教室
作業的型態	團體	個人
過程的能見度	高	低
學生的角色	自律	被指導

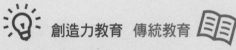

伸和縮短。

梅德利小學每一年級的教室中心都像是一個小小的圓形劇場。上課的時候、老師可以讓孩子圍繞在自己周圍，高高低低坐在錯落的長椅上。老師和孩子的距離很近，可以清楚看到每一位學生的表情和反應。老師每次說明告一個段落，孩子就根據任務編組，或是能力分組回到各自的小桌工作。

引導我們參觀學校、滿臉雀斑的六年級小男孩，介紹他的教室時告訴我，因為自己的數學學習比較好，因此坐在離老師比較遠的那一桌，有比較多自己練習的時間。英語的成績比較不好，則是坐在離老師比較近的一桌，老師會花比較多時間一對一就近指導。

低年級的教室裡面，幾乎都有小動物。我們進到三年級教室時，一個胖胖的小女孩落落大方的對我們打招呼說：「你好」，接著指著地上籠子裡的棕色小兔子說：「牠是彼得，也是我們班的。」

眞實的學習

自己動手、動口學到生活裡的知識

創造力教育除了看得到的學習模式不同，看不到的學習本質也有很大差異。傳統的學習模式是設計固定的主題，排課程讓孩子來學，全部的人都是用同樣一套課程。學習的過程很容易被忽略，因為多半是聆聽、練習和背誦，成果則是展現在個人的考試成績。但創造力學習著重真實生活裡的學習，學習的過程在生活經驗中累積和印證，學習的成果是和同學一起努力的收穫。

伯明罕市中心的星堤小學（Starbank Primary School，是一所專門收中東孩子的小學）在創意夥伴計畫中，選擇了設立廣播電台來協助學校推動識字教學。副校長莎拉邀請了英國ＢＢＣ廣播電台的主持人擔任駐校藝術家。兩年前廣播電台成立，由學生自己組成行銷團隊，策劃電台命名的競賽計畫，後來將電台命名為「火箭廣播網」。這群負責行銷計畫的學生，也負責管理部分預

簡單看懂英國學制

GCSE, General Certificate of Secondary Education 英國中學學力憑證。

英國學生16歲須接受學力檢測。必修科目有英語、數學、科學、工程設計、物理、資訊、外語、公民、體育、宗教等，另有選修科目。GCSE考試類似台灣12年國教的會考，考試結果和國家的標準比較，非和同學比較。

學生從9年級開始，參考老師和學校的建議選擇考試科目，一般學生考5到8科不等，兩年內分散安排考試。部分科目也採納作業和報告成績。GCSE成績是升學就業的重要參考資料。

A-level 是16～18歲預備進入大學的預科學校，學校開24～28門課，學生選修3或4門，每學期每科會有全國會考，會考成績和作業成績平均是未來申請大學重要的成績依據。

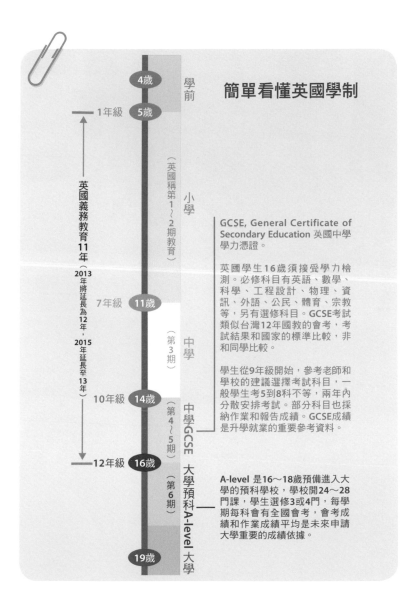

有些孩子在教室裡完全不說話，但是在節目上卻願意談起自己的寵物或是喜歡的書。

算，他們後來決定製作電台宣傳的布條廣告，張貼在學校的門口，同時也製作了火箭電台的識別標誌和貼紙，很受學生的歡迎。

駐校的藝術家今年三十歲，大學念的是電機，從廣播電視的工程人員轉向節目製作人，現在是自由接案的節目製作人，「有些孩子在教室裡完全不說話，但是到了節目卻願意談起自己的寵物或是喜歡的書。談到識字計畫，大家常常只記得要孩子多練習『讀和寫』，卻忘記『聆聽』和『表達』也是重要的基礎。」

改革關鍵點

帶資源進教室，用藝術思維改變老師

創造力夥伴的模式，是把外在的資源和改變的因子帶進教室，協助老師。

「老師是改變的核心。但是很多教育政策為了改變，要老師統統從教室離開，到大學或是研究所裡面去進修，這根本是本末倒置的。老師們應該要時時和學生在一起，所以我們讓藝術家進到教室，從第三者的客觀角色去觀察和幫助老師。」保羅・寇拉說。

星堤小學幼兒園的老師維琪，在教室彈著吉他、用甜美的歌聲帶小朋友唱歌，每個小孩都專注的看著維琪，跟著節奏唱歌、手舞足蹈。維琪在去年跟著駐校藝術家，利用每天早到學校一個小時，學會簡單的吉他合弦，「我從來沒想過要嘗試學彈吉他，唱歌原來這麼好玩，小朋友也很愛。現在，我對自己學習新東西更有自信，接著計畫學跳舞。」

虛擬學院的主任艾莉森印象最深刻的是，觀察到一起工作的藝術家是怎麼問學生問題，「他們會問很多主觀感受的問題。」同時，看到不同的藝術家用不同的工具工作，比方說，有人拿攝影機記錄和說故事。老師看著看著就會覺得好像也沒那麼難，願意自己試試看。

在台灣，創造力和想像力一直是大家重視的課題，也是未來產業和人才急需的競爭力。但是，我們似乎沒有認真思索過，創造力的學習並不是增加一些新科目和課程，而是換一種方式來學。甚至，「孩子都是帶著好奇心來上學，是我們有太多要教，最後還教他們不要有創造力。」保羅・寇拉接受訪問時，這段話深深的衝擊我，最後和所有的大人彼此提醒。

孩子都是帶著好奇心來上學，是我們有太多要教，最後還教他們不要有創造力。

教育實驗

中小學「學院」化，開啟自由競爭

創造力教育實施多年，二〇一〇年英國政黨輪替，工黨下台、保守黨執政，英國針對基礎教育展開新的改革，積極在中小學引進自由競爭，當學校領導者如同企業CEO，這場決勝負的教改將走向何方？

「當校長二十多年，這是我經歷過最大的改變。英國正在進行一場全球獨步的教育實驗。」薇安・凱勒卡納（Vivien Keller-Garnett）曾擔任校長二十多年，身著深藍條紋的合身套裝，紅色細跟高跟鞋，笑聲爽朗、說話非常有感染力，面對英國教育現況，她在一場演講結束後，語重心長的說。薇安加入英國國家教育學院（National College of Education）擔任顧問，協助培養英國中小學未來領導人。

英國國家教育學院是英國培養中小學校長的核心組織。今年四月一日起從一個政府資助的非營利機構，改制成為直屬教育部大臣的執行單位，人力也從四月一日起變為公務員。英國國家教育學院的轉型，呼應著英國教育改革的核心：學校的管理與領導。

二〇一〇年，英國針對基礎教育啟動了一場激烈的改革，政府積極促進中小學轉型為「學院」（Academies），類似美國公辦民營的「特許學校」。簡單來說，就是透過預算來源的挪動，以及管理結構的重整，在中小學引進自由競爭，希望藉此提升教育品質。

改革背後的驅力，是學力崩壞的危機。英國知名歷史學家大衛・史塔奇（David Starkey）去年在《每日雷訊報》指出，英國十六歲中學畢業生會考（GCSE）能夠有五科拿到C（合格）成績的學生不到一半：「這是英國有史以來最大的國家危機。」

四大解放讓學校決定自己的命運

進行中的改革運動，牽動英國整個教育界，成敗更攸關英國世代競爭力。

「我們努力為學校爭取『自主權』。只有真正能自主、掌握和負責自己命運的學校，才有不斷追求卓越的動力。」英國教育大臣麥可・葛夫（Michael Gove）為執政黨教育改革的目標和願景定調。現在，英國的中小學，一半以上都掛上「學院」兩個字。

英國學校積極走向自由化，反對者擔心：好的可以更好，壞的也可以更壞，兩極發展。

「學院學校」的制度設計類似美國的「特許學校」。公辦民營目的是希望鬆綁管制，增加學校創新空間。前執政黨工黨政府提出改革最初目標是針對英國辦學績效低落、學生問題嚴重的中學，由中央接管後，重組經營團隊。但保守黨組成的聯合政府上台後，加快轉型速度，讓英國教育標準局（Ofsted，Office for Standards in Education）評鑑辦學卓越學校自動轉型成學院學校。學院學校在社會形成正面印象，塑造改變契機。

學院學校和傳統學校最主要的差異在於經費來源：傳統學校的經費來自地方教育主管機構；學院學校的預算則來自中央教育部。轉型成為學院的學校，根據學生人數會獲得和過去相同的預算。過去地方政府從中央政府領取投入支持學校的經費，也會直接撥給學校。此外，也容許私人、企業、非營利團體、其他學校的贊助，贊助金額比率最高達學校預算的一成。贊助者可以指定新的領導團隊，並引進新的氣氛和領導方式。

學校變「學院」後，有四大不同：

一、學院不再接受地方政府的監督和管理；

二、學校自由規劃老師和職員的任用和薪資水準；

三、學校根據學生需求，自由設計課綱；

四、自由的規劃學期和上課時數。

換句話說，英國政府期望，「學院化」的中小學，拿回自主管理權力後，有更大的自由空間，得以發展差異化、更符合需求、更有競爭力的學校。

英國簡介

首都：倫敦

地理位置：西北歐島嶼，位於北大西洋與北海之間

人均GDP為台灣2倍

2010年台灣人均GDP為18,588美元，同年英國為36,391美元

地理面積約為台灣6.8倍

台灣面積約3萬6千平方公里，英國則為24萬4千平方公里

人口密度約為台灣的1/3

2011年台灣人口密度為641.7人/平方公里，英國則為257人/平方公里

這場改革來得激烈又迅速。二〇一〇年政黨輪替，工黨下台、保守黨為主組成的聯合政府執政時，英國的「學院中學」和「學院小學」只有二〇三校。但到今年四月一日為止，已經增加為一七七六校。根據英國教育部統計，目前，英國的中學學生當中，每三個就有一個是念「學院中學」。「學院」學校總校數，掛在英國教育部網站首頁，數字不斷成長，像是教育部的業績指數，提醒大家：英國教育部對這項改革勢在必行的強硬決心。

校長權更大，「佛地魔」強力把關

在這樣一個幾乎類似企業競爭的自由市場下，一個學校的領導者，如同企業CEO。校長，成為學校經營成敗的靈魂。因為如此，英國教育部把原屬於在正式政府組織外的「國家教育學院」納入政府執行單位，用政府力量投資培養中小學領導人才。因為拿掉政府管控，必須有專業教育管理團隊接棒，才能確保其品質。

今年九月起，校長和學校管理團隊權力更大，學校解雇表現不理想老師的程序，從一年縮短到一學期，原本繁複長達五十頁的行政相關指導守則也全部取消。

在這麼短的時間內，在英國，教育工作者從一個「志業」變成一項高度競爭的「專業」。新的制度下，管理績效卓越的學校還可以成立聯盟。有能力的校長可同時管理一所以上的學校。教學卓越學校不只提升自己學校學生的學習，還可以成為區域的教學中心。有能力的校長和教得好的老師，薪水更可以直逼大型企業主管。

位在英國國家教育學院附近的肯德拜小學（Candleby Lane School），是經過英國國家教育學院認可的教學學校（teaching school），擔任學校行政管理和發展的主管保羅・古德曼（Paul Goodman）曾經在台灣教過兩年英語。古德曼在學校的職位是專業經理人，負責募款、控制預算和管理以及協助擬訂學校的策略發展。肯德拜小學目前和同區三所教學學校組成諾丁漢教育訓練支持聯盟，負責合開教師和學校主管的研習課程。課程涵蓋領導和教學，譬如如何帶領逆境的團隊自我成長、如何成為傑出的老師，還有各科的教學法等。開課的講師，都是當地非常有經驗的教育工作者。每一種課程大約是兩個半天或是一整天，收費九十五英鎊（大約四千五百台幣）。諾丁漢教育訓練支持聯盟的研習手冊上，強調研習課程「經濟、高品質、切合所需的

英國的大動作改革，是否真能提升教育回質，值得觀察。

課程」。這是英國國家教育學院期待，「自治、互相學習，不需政府領導和監督」的理想學校管理境界。

一般的傳統學校和學院學校都可以申請成為教學學校。向國家教育學院提出申請的條件包括：整體學校學生的表現卓越、有足夠證據顯示教學和領導優異的表現、校長至少有三年以上的經營經驗，學校必須在校長領導下，建立起核心的團隊等。一旦成為教學學校，期限是四年，學校同時會獲得國家教育學院額外的訓練和經費投資，同時也因為提供研習課程帶來新收入。

學校和校長的領導「績效」，則是由專業的評鑑機構Ofsted把關。「哈利波特裡的佛地魔你知道嗎？就是那個把人類快樂都吸乾的魔頭。Ofsted就是學校的佛地魔！」梅德利小學校長李・貝特史東（Lee Batstone），形容Ofsted的評鑑對於學校經營者的壓力。Ofsted是英國義務教育品質把關機構，定期對學校評鑑，對於學校經營有關鍵影響力，評鑑不合格的學校會被政府介入強力接管。

好學校轉型成學院有更大發展自由空間，發展讓人期待，也帶動學區房地產價格。英國大學學費今年連漲三倍，許多關心教育品質的中產階級父母，把原本預備讓孩子念私立學校的預算省下，轉入品質好的公立「學院」學校，省下學費做為大學的教育基金。

強者愈強，弱者愈弱？

自由化的競爭，讓強者愈強，但也讓人擔心壞的愈壞，弱勢地區在競爭下更弱勢。反對黨工黨高分貝質疑，學院化的教育改革，將會阻止社會流動。較有資源的父母居住地，學校可以吸引到優質老師、凝聚更多優勢資源。弱勢地區則是惡性循環。

搶救下一代的教育品質，是改革的目的。政府大力推動下，社會上一般家長對於「學院」普遍產生一種正面期待。還沒有轉型的學校充滿壓力，伯明罕市中心一所中學校長說：「我們目前還不是『學院中學』。但是，附近的中學都已經改成『學院中學』，比較符合家長期待。而且，我們更不希望最後是被政府『強迫』轉型。」

英國教育部不只透過預算和制度，大力推動學校全面自由化轉型成為「學院」。去年更通過鼓勵父母老師和對於教育有興趣的團體，可以成立「自由學校」（free school）。本質上，「自由學校」和「學院學校」都是由政府出錢，但獨立經營的學校。自由學校設立的目的，則是更

搶救下一代的教育品質，是改革的目的。

「客戶導向」。英國教育部網站上對於自由學校的說明是：「鼓勵任何覺得該地區『無法提供合適教育選擇』者，申請設立自由學校，實踐教育的理念。」

但是，英國教育這場改革大浪，實在來得太快太猛。義務教育中，原本無法用效率衡量的公共性質，未來該如何補位？英國的教育改革，會是一場豪賭？還是一個突破框架的革新？值得緊密觀察和學習。

學習現場

造訪英國最大華德福學校

華德福教育如何滋養創造力？
沒有考試、沒有成績單，每天還都一定要出去玩？
讓孩子三歲時像三歲，四歲時就像四歲，
英國華德福教育學校麥克侯如何實踐？

「這裡的小孩最幸福的一件事，就是他們不必趕著長大，他們被准許當個小孩，而且可以當很久……」日本籍由美老師是學校裡的手工藝老師。三月底的一個星期二早上，春寒料峭但飽滿的陽光斜射進手工藝教室的小木屋，帶來暖意。木製的手工紡織機前面排著ㄇ字型的座椅，毛衣鉤成的娃娃站在窗台上。十一歲的男孩和女孩安安靜靜的用兩隻棒針織著手上五顏六色的手套和圍巾。

由美老師輕聲的解釋：「十一歲的孩子開始發育，身體在很短的速度裡抽高，很多這個年紀的孩子都會駝著背，因為自己都不習慣這麼快長大。打毛衣一針一線的重複和專注，可以讓年輕的身體安靜的坐著，離地面近一點、沉穩一點。同時也讓快速成長的大腦在此刻安靜休息。」由美從一個小籐籃

華德福教育強調課程發展必須配合孩子的身心成熟階段。進入前青春期的少年在一針一線中安定焦躁的叛逆。

裡，拿出一個手掌大粗毛線織的紅帽小雪人：「這是五歲一年級小朋友的作品。他們得從自己鋸下小木棒，打磨棒針開始這堂編織課。」

不急，十三歲再學電腦

距離倫敦坐火車約一個小時，英國最大的華德福學校麥克侯（Michael

Hall, A Steiner Waldorf School）位在倫敦市東南的郊區。起伏的綠色山丘連接著藍天白雲三百六十度的環繞著校園，彷彿擁抱著四百多個從四歲到十八歲的學生。就像童話故事裡，美麗童年該有的城堡。

「你看！是不是很美？孩子從小就生活在這樣的環境中，對於一生的影響真的很大！」鮑伯（Bob Hamblett）在麥克侯教英文已經二十年。他帶著我們走到可以遠眺校舍的地方，雙手一伸，彷彿把美景親手送給我們。鮑伯的獨生女也在麥克侯讀書和成長，現在在香港的藝廊工作。

英國的華德福學校總共有三十一所，目前全部都是獨立學校，不接受政府的預算補助，必須靠學費和募款來經營學校。麥克侯一年的學費大約一萬英鎊（約四十七萬台幣），一般英國的私立學校一年的學費從一萬到三萬英鎊不等。家長認同教育理念，搬到學校附近的社區，形成共學團體。

去年年底美國《紐約時報》報導，矽谷知名科技公司如Google、eBay、HP、Yahoo!等企業的高級主管不約而同把小孩送到「什麼都教、就是不教電腦」的華德福學校就讀。這篇報導也在台灣主流媒體編譯刊登，引起不少注目和討論。

我們抵達麥克侯華德福學校時，面對綠意和藍天，以及學校教室到處可見的樸拙原木樓梯地板和溫潤的燈光，也忍不住問老師：「這裡有電腦課嗎？」英文老師鮑伯哈哈大笑：「我們當然有電腦課！」一堅持要帶我們參觀電腦教室。但是，麥克侯的孩子不急，十三歲才開始上電腦課。對於

起伏的綠色山丘連接著藍天白雲三百六十度的環繞著校園，就像童話故事裡，美麗童年該有的城堡。

來自台灣、習慣競爭、擔心落後的我，親眼看到華德福「慢學」價值的充分實踐，真的是很大的衝擊。

二〇〇五年英國教育與技能部委託英國布里斯托大學，訪問二十二所英國的華德福學校。這份報告的結論是，英國華德福學生跟主流學校相比，通過國家學力考試的比率更高。建議英國的主流學校體系可以跟華德福學校學習的特色有八點：

一、及早引進學習外國語。
二、針對幼齡孩子的主題式教學。
三、強調口語的溝通增強孩子表達和傾聽的能力。
四、彈性的課程進度。
五、配合孩子發展歷程設計的課程。
六、藝術和創意教學。

七、重視老師的彼此支援，如對於特殊需求的孩子組織團體討論。

八、合議制的學校行政組織。

在台灣，也有許多縣市政府考慮引進華德福教育體系。華德福的特色和魅力何在？

在一個變動愈來愈快的世界裡，小孩長大成人要面對的環境更為瞬息萬變，在《華德福的幼兒教育》一書前言裡，英國雪菲爾大學教育學院講師

學校裡面不同年紀的孩子很自然的聚在一起，彼此幫助，就像手足一樣。

凱西・納特布朗說：「讓孩子三歲時像三歲，四歲像四歲，他就能在五歲時做好入學準備。」麥克侯學校網站這麼介紹：「小孩長大時須具備創造力、挫折復原力、好奇心和傾聽能力……必須先有建全的內在，相信自己可以做好。這些都需要童年來滋養，童年是一段重要的旅程，不是競賽。」

童年最重要的工作就是「玩」

麥克侯裡所有學習的發生，都從孩子的發展開始。

走進幼兒園的教室好像走進小人國。教室外面掛著五顏六色的雨衣、雨褲，木頭箱子裡堆著雨鞋。「幼兒園小朋友每天都得要去外面玩，不管下雨或是出太陽，」幼兒園老師強調「一定要出去」。陪著我們參觀幼兒園的中學部英語老師鮑伯說：「平常這些小小人穿著五顏六色衣服一群群在校園四處探險，是麥克侯最可愛的風景。」

華德福幼兒園教室的布置就像家一樣。角落有很多的玩具可以給小小孩探索，幾乎所有的玩具都是天然的素材，以木頭為最普遍。

幼兒園教室角落裡有木馬、小帳篷，小小的開放式廚房和流理台就在教室的一側。幼兒園裡還有少見的男老師，身高超過一百八十公分、肩膀很寬的男老師站在教室門口幾乎全部擋住門，他介紹：「教室整個環境就像在家一樣。孩子在教室進行其他活動，阿姨煮飯會飄出炊煙和香味。小朋友很自然知道吃飯時間到了，該幫忙準備餐桌。」

華德福教育認為童年是一段特殊時光，最重要的工作就是「玩」。玩就是幼兒的學習，拿掉幼兒的「玩」等於拿掉幼兒的學習。因此，童年應該受到保護，才能儲蓄足夠力量，應付未來生活中將面臨的問題。麥可侯

華德福學校幼兒園的小朋友會自己做麵包，然後老師協助放進戶外的土窯，烤自己的麵包來吃。

幼兒園有寬闊的空間和自然接觸，四季就是教室。老師帶領孩子欣賞大自然美麗、神奇的變化。幼兒園小人國戶外有大片的菜園、沙坑和土堆，老師會帶著孩子在菜園裡看著植物生長；還有一個跟小孩一般高的土窯，讓孩子可以自己揉麵團烤麵包。

從生命經驗出發的學習

從幼兒園進入小學，開始正式學習的旅程。在麥克侯，孩子從七歲到十四歲都由同一位老師帶領，這個階段最重要的「學習」核心是每一個「主要課程」（main course）。「主要課程」是華德福學校在小學階段最重要的學習主軸。以每三週到四週時間為單位，配合孩子的年齡和身心發展階段，透過各種不同的角度，既深又廣的學特定主題。

譬如，開始尋求獨立的九歲小孩，老師會透過維京人的探險故事引導；情竇初開的十四、五歲青少年可以透過希臘悲劇，討論和情感有關的人生議題，探討愛與恨、喜悅與沮喪、道德和非道德的極端。

六年級的學生在我們參訪的時候，「主要課程」是天文學。已經教書十七年的導師安妮塔跟我們解釋：「這群起步邁入青春期孩子的人生階段，如同當年歐洲歷史發展從黑暗時期跨入文藝復興，他們期待掙開枷

情竇初開的十四、五歲青少年可以透過希臘悲劇，討論和情感有關的人生議題。

鎖，嚮往更大的自由。」

歐洲在十三世紀邁入文藝復興時，許多偉大的探險家如馬可波羅積極往未知的大陸探索，帶回新知識和啟發。安妮塔和學生一起探索天文學：「人們到了大海，必須抬頭看星星，才能知道自己的所在。這是歐洲開始發展天文學的契機。這年紀的孩子對探索、未知、冒險有很多的想像，可以體會文藝復興的歷史氣氛。」

安妮塔安排歷史、音樂、自然和德文課與孩子從不同角度學習天文學。「你知道此刻（三月）的晚上，當你抬頭往西邊看，可以看到維納斯星非常閃耀明亮嗎？仰頭看星空，孩子感受和更大的未知世界有一個無形的連結。」安妮塔自己也曾在華德福學校受過教育，她滿臉的皺紋刻劃著對於傳遞和分享知識的熱情。

麥克侯一角的校園是學校的菜園，平常有園丁負責種植學校午餐的蔬菜。不同年紀的學生也在菜園工作和學習不同的「主要課程」。

五年級的學生正在學植物學，早上在教室上完植物素描。下午時，一個小組四個人負責自己的一塊田。上一個星期已經把菜園的田地鬆好，架好支架，準備要播種豆苗。園藝老師一邊跟我們抱歉沒有時間陪我們詳細解說，一邊仔細盯著一個綁著馬尾的金髮五年級男孩，用手提電鑽釘好一排菜園的木頭圍籬。菜園旁邊的教室在大桌子上，正攤開晾著一年級小朋友用各種植物手染的一束束捲捲的羊毛。

沒有考試、沒有成績單

華德福另外一個特色就是沒有考試。「考試只會讓孩子僅僅注意考試的結果，而非學習歷程的本身，」六年級的導師安妮塔說。

雖然學校沒有考試，但是老師負起監控孩子學習進度的責任。必須符合國家要求不同年紀的識字和數學能力。另外，小學階段老師會和學生相處長達八年，對孩子的發展和家庭狀況熟悉。每一年結束，學生會收到個人年度報告，而非成績單。

九歲之前的學生，不會有回家作業。九歲到十二歲的學生每天會有不超過半小時的作業。到十五歲左右，每天則會有大約兩個小時的專題報告作業。

學習的主題非常廣泛，不趕進度、不打分數。華德福學生氣定神閒，有一種特殊的自信。

我在參訪完從早到晚的編織課、戲劇課、音樂課、種菜課、體育課，

五年級的學生在老師的監視和協助下製作菜園的圍欄，這是他們正在進行的「主要課程」，主題是植物學。

不禁有點「著急」的向陪同的老師求救：「請問，我可不可以看一下麥可侯裡『正常』的課。就是那種坐在教室裡面，老師教、孩子學的那種？」

高中部的地理老師阿列斯（Alastair Burtt）笑著歡迎我在離開前，去他的教室看他為高中生上地理課。阿列斯在華德福教書第三年，他自己的兒子也在這裡念中學。他比較自己兩個小孩，大女兒在公立學校適應和發展良好，學業成就

木製的手工紡織機前面排著ㄇ字型的座椅，十一歲的男孩和女孩安安靜靜的用兩隻棒針織著手上五顏六色的手套和圍巾。

也很優異。小兒子的學業表現雖然不如姊姊，但對於知識有強大的好奇，喜歡討論和研究自己感興趣的主題。

我踏進地理教室的目的原本是觀察這堂地理課，但是老師阿列斯介紹我之後，鼓勵學生發問。學生針對台灣的經濟、歷史、語言、宗教以及和中國的關係不停的發問，這一堂台灣歷史地理課為這一天的採訪畫下句點。我真正感受到上午訪問地理老師阿列斯

高三的學生正在上課音樂課，學習義大利的民謠，因為今年暑假就要去義大利旅行。

華德福教育中非常強調藝術教育，因為在創造和欣賞藝術的過程中可以得到心靈的安定。圖中高中女生在鑿她的石雕作品。

時他分享的：「其實我在教室裡常常不像是老師，比較像是『與談人』。引導他們，和他們一起學。」華德福一天，我感受到童年是那麼美好和珍貴。

認識華德福教育系統

華德福教育系統，是繼蒙特梭利後，全世界影響力最大的教育體系。華德福教育強調「主動參與」的教育方法，讓兒童透過主動展開活動的經驗，回歸自然與人的本質，培養出清晰明辨的思想、敏銳的情感、意志力、專注力與自制力等重要特質。全球目前有30多國成立約1,500所幼教中心、780所學校、60所師資培育中心。

延伸閱讀

書名：華德福的幼兒教育

作者：琳恩・歐菲爾德

出版：天下雜誌

從台灣四十八分到英國高材生

國小三年級的洪少芸，在台灣自然科考卷的分數是四十八分，十八歲在英國的大學預科畢業時，自己設計的木頭躺椅和吊床卻證明了她的潛能。在兩種教育評量系統中成長，她感受到什麼不同？

住在倫敦南部郊區，剛滿十八歲的洪少芸，房間梳妝台上排滿十幾罐色彩繽紛的化妝品。引人注目的是，一根木柄的鐵槌也橫躺瓶罐中。化妝品和鐵槌，各自代表她十八歲青春生命中重要的一片拼圖。

洪少芸小學一年級前在台灣念書成長。接著跟著母親在美國生活兩年、小學三年級從美國回台灣念書、六年級再到英國直到現在。洪少芸今年暑假將從英國的大學預科（A-level）畢業，已申請到英國排名前三名的倫敦帝國理工大學土木工程系就讀。一個甜美的青少女選擇念土木工程讓人有點意外，但少芸從小耳濡目染跟著關心環保的父母，參加過許多永續環境的研討會和運動。她回憶第一次看到阿布達比的零碳排放綠能城市計畫，開啟了她對人生的想像。「一個城市不需使用能源，交通工具的動力來自磁浮，實在是太讓人驚奇了！啟發我想成為一個工程師，透過工程讓世界變得更好，」洪少芸說。

今年三月，少芸十八歲生日那天，她得到一個最棒的生日禮物——勞斯萊斯飛機設計部門實習一年的機會。和許多歐洲學生一樣，進入大學前先暫停一

洪少芸今年暑假將從英國的大學預科（A-level）畢業，已申請到英國排名前三名的倫敦帝國理工大學土木工程系就讀。

年學業，又稱空檔年（gap year）。在這段轉大人的階段，自己規劃一整年的旅行、志工或實習計畫。運用過去學校學會的知識，也讓即將啟程的大學生涯有更清楚的目標。

對她來說，在英國求學有很多的機會，在生活中印證她的學習，這是和在台灣最大的不同。因為在英國上學不只是不斷「輸入」知識。而是總有機會把抽象的知識，在生活中「練習」。洪少芸分析，比起來在英國讀書「輕鬆」許多，不必把「全部」心力放在學業，大家對於學習「成就」的看法也很多元。她比較，台灣同學除了讀書就是讀書。但在英國，身邊每一個同學都有學業以外很豐富的生活，至少都參與音樂藝術或是運動活動。學校教室的學習，只是學生生活的一部分而已。

她最近在忙大學預科「工程設計」的期末作業，製作自己設計的多功能折疊吊床。少芸給我們看電腦中先用模型製作的樣品圖，照片拍得如同產品目錄。她自己在廁所裡打燈拍攝，是一張造型有如半月型的木架，放上吊床可以

多功能折疊吊床，洪少芸的大學預科期末作業。

輕鬆休憩。

設計這項產品前，她必須先做市場調查，看市場上有哪些同類的產品，價格怎麼定，並且選定目標客戶，針對客戶的需求設計。設計完成後，所有的製造過程，都是她親手在學校的工廠裡完成。「這木頭必須先泡軟、然後塑型、固定，」少芸指給我看她穿著藍色工作服和護目眼鏡在工廠工作的照片。吊床的木片比她整個人都高。

這張吊床設定的客戶是她的母親，母親告訴她，希望吊床可以不只

洪少芸自己設計製作的躺椅，16歲中學畢業作品。

是吊床，要有多種功能。少芸觀察母親的生活型態，設計吊床把床拿掉，木架可以當做曬衣架。「我正在準備想要幫少芸的產品申請專利，」少芸的母親鄭一青非常滿意這項產品。

最好的學習是實際的經驗

少芸家中庭院還放著一張木頭躺椅，摺起來可以當桌子，採訪當天我就坐在上面喝茶。這是她十六歲中學畢業時，工業設計科目的作業。這兩件作品是她學科的「期末考」，比任何考卷分數和成績單，都更能說明學習成果。

她到現在都記得，國小三年級回到台灣第一次的期中考，自然科她考了四十八分。她把考卷找出來，第一大題是非題三十分，她只拿到四分。填空題填寫葉子葉脈有哪些種類？馬鈴薯、菠菜等各是植物哪些部位？整大題全錯。「不過四年級的時候，我就考九十八分了，」少芸拿出考卷給我看。

兩件家具和兩張考卷，同樣都是一種針對學習成果的「評量」，一種會激發自己的潛能；另外一種卻是「評量」結束後，就覺得和自己再也沒有關係。

今年年初，少芸在學校的大樓建築募款活動發表的三分鐘演講，打動了在場的勞斯萊斯CEO賽門・羅伯特（Simon Robertson）。演講結束後，他遞給少芸一張名片，邀請她到勞斯萊斯參加實習面試。在那場演講結尾，她說：「我覺得最好的學習方式是透過實際的經驗。很希望有一天，我會在工程界帶領一些革命性的進展。」少芸讓我們看到：學習不是為了別人，是為了追求自己的夢想和世界對話。而這樣的旅程實在讓人非常驚喜。

改革關鍵

學校要培養發明工作的人

專訪創意、文化與教育中心執行長

孩子現在準備的功課未來可能是無用的知識，
保羅・寇拉的專訪帶我們深入英國改革教育的初心。

ＣＣＥ合作的學校，以偏遠和學習落後的學校為優先，透過把藝術家送進學校教室，為傳統的學校教育創造新的火花。（圖正中間為保羅．寇拉。）

保羅．寇拉（Paul Collard）領導的創意、文化與教育中心（Creativity Culture and Education,CCE）從二〇〇二年起和英國中小學合作超過八千個創造力教育計畫。CCE合作的學校，以偏遠和學習落後的學校為優先，透過把藝術家送進學校教室，為傳統的學校教育創造新的火花。學校、老師、藝術家和學生一起探索新的學習模式，讓學生感受知識和生活的關聯，把學習的主導權還給學生，釋放學生的創意，讓學生感受成功的經驗，建立自信心。CCE近年來藉由英國的成功經驗，協助拉脫維亞、澳洲、捷克、荷蘭和韓國政府導入創造力教育的改革。

保羅．寇拉（Paul　Collard）

現職：英國創意、文化與教育中心執行長

經歷：擅長透過文化和創意活動推動社會和經濟的變革。有25年在藝術領域相關工作經驗。曾任英國當代藝術中心總經理。

Q 為什麼此時此刻為教育注入創造力這麼重要？

A

世界變得很不同了，有兩個很大的改變。一個是知識的中心改變以前，沒有廣播、網路、電視……什麼都沒有，學校是唯一可以學到知識的地方，所有人必須到學校來學習知識，然後才有能力去工作。

現代小孩腦袋裡裝了滿滿的知識到學校。他們不需要被塞更多知識，而是需要學習處理五花八門的知識。

第二個改變，根據英國的官方統計，目前在求學的孩子，未來離開學校時的工作，有六成現在還沒有被發明。學校無法教孩子未來需要的技能，要教給小孩的是協助他們，讓他們擁有學習的能力，而不只學一個技能，因為現在學的工作技能，等到他們畢業工作時可能已經消失。未來他們的世代來臨，學習，是一輩子的事情。

比方說，現在多數人都有 iPhone，你可以用一點點錢下載 app，全世界現在有成千上萬的人投身設計 app，聚集起來，是一個龐大的產業。但三年前這個產業根本不存在。這是孩子未來面對世界的樣貌。

我可以理解台灣的父母很關心孩子的前途和成績。花費很多錢補習，讓孩子通過考試，考上好大學。因為台灣的父母相信，考上好大學等於得到好工作。但是父母忘記現在的「好工作」，等不到孩子長大。小孩現在考試和念書準備的功課，未來可能是無用的知識。

在美麗的校園上課，是一輩子的美麗資產。

Q

你為很多國家教育機關擔任顧問，提供英國創造力教育經驗。這些國家現在共同的難題是什麼？

A

傳統的工作迅速消失中，未來的年輕人必須有能力發明工作。政府有責任，幫下一代準備不同的教育系統，以培養這個能力，這樣的能力包括好奇心、想像力、挫折復原力、團隊合作等。

但是我們長期研究卻發現現

長期研究發現，現有的教育制度，正在把學生的好奇心拿走、把學生的想像力拿走。

有的教育制度，正在把學生的好奇心拿走、把學生的想像力拿走……和許多英國的學校合作時，都做同樣的研究。我們到學校把老師們找來，問老師：學生的好奇心、想像力、挫折復原力、團隊合作是否重要？所有老師幾乎都同意，這些都很重要，是所有學習的基礎。和老師溝通後，請老師回學校觀察自己的孩子是否有好奇心？對什麼最有好奇心？上什麼課時最有好奇心？

這個研究的結果，每次都一樣。兩週後，老師回來告訴我們，學生們都不好奇。為什麼？因為在學校根本沒有時間問問題，沒時間孕育和珍視他們的好奇心。學校總有太多進度要趕，太多課程要教。所以你看，小孩進入學校的時候充滿好奇心，經過幾年，我們教他們不要好奇。

Q 老師和家長該怎麼幫助孩子？

A 你必須創造機會，讓他們可以練習。也必須告訴他們，我們很珍惜這些特質。我觀察過英國普遍學習有困難的學校，都有一個共通問題，就是學校裡有太多的「教」，但是太少的「學」。老師總是要把學校填滿教學，但不理會學生有沒有真正學習。應該每一個作業、每一個科目都要問：為什麼要學？學什麼？因為核心是學會怎麼學，而不是學會知識和課程。

學習的核心是學會怎麼學，而不是學會知識和課程。

Q 台灣的大人往往會擔心沒考試孩子就不學？你怎麼看待考試？

A 學校是學習的地方，需要評量學習成果，也就是考試。但紙筆考試實在是太單一了，以前只有紙筆這樣的工具，現在有更多工具，應該要發展更多元的評量。我們常用容易評量的素材做為考試的標的，放棄很難評量的部分，譬如，好奇心、挫折復原力等。但是，很難評量，不是說不能評量，而是我們必須去想要如何評量，因為這些能力對孩子的未來很重要。

紙筆考試實在是太單一了，現在有更多工具，應該要發展更多元的評量。

學習現場

真正的學習

全世界都在尋找新的「學習」典範。到底真正的學習關乎哪些內涵？未來的教育，該如何誘發孩子的學習動機、學習興趣、讓下一代得以因應快速的變化，隨時為自己預備新的能力？

當代社會，科技推陳出新，知識的生產與淘汰，以十倍於過往的速度前進；媒體網路資訊爆炸，價值多元而混亂……全世界都在尋找，傳統教育體系該如何教導下一代，面對一個完全無法「準備」的未來。

二〇一一年底，世界教育研究學會在台灣中山大學舉辦的年會論壇中，特別以創造力和想像力為主題，揭櫫未來學習最重要的兩個核心。論壇也特別邀請英國創意、文化與教育中心（CCE）的執行長保羅・寇拉（Paul Collard），來分享英國正在進行的學習革命。

英國政府投入兩千九百萬英鎊的預算（約台幣十四億元），支持由CCE主導的創造力教育計畫。目前為止，全英國已經有八千個該中心和學校合作的創造力教育計畫，涵蓋了近一百萬個英國青少年。

CCE也和澳洲和韓國政府合作，提供創造力教育的經驗和顧問。

在台灣，創造力教育常常被當做是資優教育的一個重點；但在英國，卻是補救教學的新主流。寇拉不僅重視「創造力」，更重新檢視學習的內涵，與學校教育的優先順序。

這一代的孩子和父母輩不同，他們的未來，沒有太多已經準備好的工作等著他們畢業後來應徵，他們必須在離開學校後，自己創造工作。更諷刺的是，很多父母和師長現在積極幫孩子準備的工作能力，可能等到他們二十五歲時，工作已經消失了。

這樣的轉變，讓教育系統變得很困難，因為工作根本還沒有被發明，老師和父母無從預測，更不知該如何幫孩子準備。

也因此我們應該重新思考教育的核心，也是最重要的目的，就是發展孩子創造的能力，讓他們未來有能力發明新工作，因為未來的世界不需要「找工作」的人，但需要「創造工作」的人。

ＣＣＥ一直努力的方向就是希望，不管在校內或是校外的學習過程中，可以釋放孩子的創意，讓他們感受到成功的經驗。我們在各式各樣的計畫中看到，要激發孩子的學習動機，有幾個非常重要的關鍵：讓孩子感受到知識和生活的關聯性、讓他們得以主導、參與學習的過程（engaged）、發現學習的樂趣、進而建立自信。

看看OECD（經濟合作與發展組織）的國際學生評量計畫（PISA）分析，學校花了很多的心力教科學，希望培育很多科學家，但是，從PISA的研究中看到，很多科學成績很好的國家，學生對於科學知識的興趣卻很低；又日本和韓國的學生，科學能力排名不錯，但自信卻是倒數。

韓國和日本的學生覺得自己很笨，因為若不是這麼笨，就不必上這麼多課、補這麼多習。PISA也做了科學評量成績和青少年自殺率的關聯分析，同樣看到日本、韓國和芬蘭這三個科學評量優等生，卻都是青少年高自殺率的國家。

看到這裡，做為父母的我們，是否應該思考：我們希望培養科學家，但是到頭來，卻是強迫孩子學習「過去」的知識，不但無法為未來做準備，而且還讓孩子不快樂、剝奪了他們的自信。

我相信，創造力的學習是一種真正的學習。舉例來說，當我們教科學的時候，常常是先跟孩子說明公式和原理是什麼，然後，做幾個實驗來證明這個公式和原理的正確性。想當然爾，孩子會覺得這樣的學習非常無聊。

但是，創意教學或是創造力的學習，則是反過來，先讓孩子做實驗，讓他們在實驗的過程中，「發現」、「歸納」出原則和原理，然後再讓他們印證標準答案，也就是說創造力教育的核心就是「讓學生主導」。

把「學」的責任交給孩子

要釋放創造力，關鍵就是父母和老師要把責任轉嫁給子女，不要把「教」的責任攬在身上，而應該把「學」的責任放給孩子；創造出一個空間，在這空間裡，孩子有自由學習和犯錯的機會。這樣孩子才可能釋放創造力。

CCE的成立是為了解決孩子學習上的問題，但我們不是透過傳統的方式把學校教過的，再教一遍的「補救教學」。我們採取的方式，是透過藝術的活動，把傳統學習轉化成以學生為主體的學習。

例如，去年有一個在小學的補救教學計畫。這個小學位在經濟弱勢的地區，很多家庭都是隔代教養，學生普遍的學習動機低落。我們說服學校老師把預備興建教室的計畫，整個交給學生主導。小學生的思考很天馬行空、很抽象。一開始，他們希望新的教室是一座海灘或是城堡……後來的共識是決定買一台小飛機改造成教室。分配下去，不同年級的學生有不同的責任，高年級要負責跟當地政府申請，讓飛機教室符合法規，他們要填寫很多的表格和撰寫公文。要買飛機時，大家上網搜尋，最後在eBay買了一台小飛機。

飛機買來以後，需要重新裝潢，飛機的裝潢非常專業，小朋友也在網路上找到一位專業設計師。他們寫信給設計師，說明自己是一群小學生，正在設計新的學校教室；後來這位設計師願意免費幫他們設計。這間小飛機教室，最後成為地理教室，因為可以隨時「飛到」他們上課的地點，下課時再飛回家。

這個新教室計畫的起點，是識字計畫，目的是要改善學生低落的識字能力。

父母需要觀念革命

執行新教室計畫過程中，學生必須填很多的計畫表格。但是他們一點也不以為苦。而且你會發現，平常學校的學習，孩子回家根本不會告訴父母。但是當學習變有趣的時候，他們回家就會

這間小飛機教室，最後成為地理教室，因為可以隨時「飛到」他們上課的地點，下課時再飛回家。

滔滔不絕。

這個計畫的第二個重要目的，是讓孩子有夢想的勇氣。我們看到許多創業家，他們的成功不在於有很棒的點子，而在於有信心把狂野想法付之實踐的勇氣。這些孩子在過程中，肯定了自己有能力實踐想法，他們永遠不會忘記這樣的經驗。

我們的做法不是增加學校的授課時數，或是改變課程，重點在於改變教法。譬如，有一所中學的學生，科學成績非常糟糕。我們協助學生把學習的課題，編寫成一個劇本。學生在過程中，討論基因問題的種種道德和價值選擇的不同觀點。他們發現這不僅是科學問題，更是道德和法律交織的複雜議題。課程中，各種角度反覆思辯，這群成績不好的學生，有了機會理解科學和生活的關聯，更啟發了好奇心。後來學生參加學力測驗，在全國有非常優異的表現，證明了一旦孩子吸收知識，就可以學得更快。

未來世界不需要「找工作」的人，但需要「創造工作」的人。

許多亞洲國家的父母都是在考試制度中長大，但是，若我們誠實面對自己、問自己，求學過程中哪些課堂學習讓你印象深刻，甚至對現在的自己有很大的影響？這一代父母和子女的鴻溝會愈來愈大。其實，我們需要針對父母推動一個很大的觀念革命運動，讓父母和教師理解，孩子面對的可能是一個即將結束的時代，我們必須重新思考，學習的意義和內涵。

【後記】

一群創造工作的人

陳雅慧——《親子天下》副總編輯

台灣邁入十二年國教的時代，有好多不安和南轅北轍的意見。面對不可知的未來，英國何嘗不是在跌跌撞撞中找答案？到底下一代需要怎麼樣的能力？要用哪一種方式來教呢？

不知道大家是否喜歡二〇一二年五月號《親子天下》封面故事上又帥又有朝氣的可愛小男孩？但其實我以及一起去英國採訪的攝影主編楊煥世，私心最喜歡的另外一個封面選項是英國華德福學校裡織毛衣的小男孩。或許，因為我和煥世家裡都有一個年紀相近的男孩。當看到十一歲上下的男孩和女孩可以這麼安靜溫柔又毫不毛躁的織著毛衣；一鏟一鋤地開墾自己的菜園；黑夜抬頭看星星研究天文學時感受渺小自己對一個更大世界的好奇……我們都不由自主的羨慕這些孩子。

我不禁想到自己十一歲和四歲的兩個兒子。「若他們也可以念這種學校該多好？」甚至想到我自己，若以前也是這樣學習，現在應該很不一樣吧！」

三月，在七月倫敦奧運前夕，我到英國採訪十六天。參加英國大學的國際研

討會、看一年一度的全英教育博覽會、訪問英國不同城市的公立中小學和華德福學校。對於英國的認識有如拼圖一點一點的完整起來。台灣邁入十二年國教的時代，有好多不安和南轅北轍的意見。面對不可知的未來，英國何嘗不是在跌跌撞撞中找答案？到底下一代需要怎麼樣的能力？要用哪一種方式來教呢？

英國工黨執政時，他們從左派扶弱的立場出發，花費相當台幣十四億預算從偏鄉起步，投資創造力教育。將近十年，雖然參與計畫的學校在學力表現和學生學習動機上有明顯進步，但全英國學生的會考成績仍舊慘不忍睹。二〇一〇年政黨輪替，工黨下台、保守黨組成聯合政府，相信自由競爭將鼓勵努力追求卓越，展開新的一波教育改革──全面鬆綁和自由化。「鐵娘子」電影中，曾是小雜貨店老闆女兒的保守黨首相柴契爾夫人年輕起深信：「我們必須鼓勵自給自足和有能力的人。不順心時不該只是發牢騷，應該自己站起來好好努力！」

但是在一個外國人如我的眼中，快速的自由化，讓我有點不安。短短兩年間，英國的國中小幾乎一半以上都已經走向自治，剩下的一半則是準備中：學校自己決定老師薪水、課程、募款、私人資金也能投入學校、優秀的校長可以擔任兩所以上學校的校長……有能力的百花齊放。沒能力競爭的就會被淘汰嗎？

「這真的是一場全球獨步的教育實驗！成功失敗未定，但我們非改不可，因為過去的教育方式已經確定無法跟上時代，」資深的校長薇安跟我說。

就是這種不斷找出路的氣氛，十六天在英國，我不停的接受到資訊更新。原本是政府單位的組織，一下子政府資金全撤，必須全面轉向海外市場。原本是非營利機構的，一個月內馬上要變成公務員，但還是保有「國際業務」推廣事業部門，積極把英國國內的know-how轉成海外顧問的產品。中小學學校裡，都有一位「業務經理」，負責學校募款和營收創造以及未來策略定位思考。

和台灣最大的不同是，英國「中小學教育」是一個蓬勃發展又競爭的「產業」。針對中小學老師舉行，一年一度的全英教育博覽會，三月十五日到十七日，連續三天每天九點開場，八點半場外就已經有數百人排隊。場內除了有所有想得到和想不到的教具攤位，每天都有數十場針對不同年段老師和校長的研習。商業出版社針對每一個年級的老師每個月定期出版雜誌報導相關資訊。光是賣老師上課用貼紙的廠商，都有三到四個不同的攤位。熱鬧的程度不下台灣的電子資訊展，讓我對於英國教育產業的高度競爭嘆為觀止。

英國的創意、文化與教育中心執行長保羅・寇拉說：「目前正在求學的孩子，離開學校時的工作，有六成現在都還沒有被發明。學校無法教孩子未來需要的技能，因為現在在學的技能，等到他們畢業工作時可能已經消失。他們長大時不能只是『求職』，是必須『發明工作』。」

我觀察到這次在英國，身邊看到的英國人都正在困難的歐洲債務和金融危機中找出路，「鐵飯碗」早就不存在，大家都在想辦法「發明」自己的工作。政府和大學積極把英國經驗變成國際顧問業務；資深老師擁有教學專業因此也能勝任研習講師，籌備和規劃教師發展課程；管理卓越的校長，接手其它學校，發展連鎖學校；經營連鎖醫院和藥局的企業開始投資學校……

過去，我的父母那一代相信一個恆等公式：課本讀熟＝好成績＝好學校＝好工作。

現在，恆等式從後面「好工作」開始變成一個大問號，往前推更是一連串的不確定。所有人都有機會創造屬於自己的好工作，這讓人很不安嗎？但是當你也看到三十四期的《親子天下》裡面，英國的學生告訴我：「學校裡面我最愛的地方就是教室！」「我喜歡學習，因為學會新的東西，我可能改變世界，讓世界變得更好……」

說真的，我好期待這些將來「發明工作的人」所創造的社會。也期待自己的發明。

學習與教育系列 128

學習，動起來／

英國：創造力的學習

國家圖書館出版品預行編目(CIP)資料

學習，動起來. 1, 英國:創造力的學習 / 陳雅慧著、楊煥世攝影.-- 第一版. --
臺北市：天下雜誌, 2012.09 面； 公分. -- (學習與教育；128)
ISBN 978-986-241-594-8(平裝附光碟片)

1.教育改革 2.文集 3.英國

520.941 101017680

作　　者｜陳雅慧
攝　　影｜楊煥世
責任編輯｜陳佳聖、江美滿
封面設計｜黃育蘋
內頁美術設計｜李宜芝

發行人｜殷允芃
執行長｜何琦瑜
業務中心副總經理｜李雪麗
主編｜張淑瓊（童書）、江美滿（專案）、李佩芬（叢書）
副主編｜張文婷、黃雅妮、周彥彤、陳佳聖
編輯｜許嘉諾、蔡珮瑤、熊君君、李幼婷
助理編輯｜余佩雯　特約資深編輯｜沈奕伶
資深美術編輯｜林家蓁　版權專員｜廖培穎

出版者｜天下雜誌股份有限公司
親子天下地址｜台北市 104 建國北路一段 96 號 11 樓
親子天下電話｜（02）2509-2800　傳真｜（02）2509-2462
親子天下網址｜ www.parenting.com.tw
讀者服務專線｜（02）2662-0332　傳真｜（02）2662-6048
客服信箱｜ bill@cw.com.tw　週一～週五：09:00~17:30

法律顧問｜台英國際商務法律事務所・羅明通律師
電腦排版・印刷製版｜中原造像股份有限公司
裝訂廠｜聿成裝訂股份有限公司
總經銷｜大和圖書有限公司 電話：（02）8990-2588

出版日期｜ 2012 年 9 月第一版第一次印行
2015 年 4 月第一版第三次印行
定　　價｜ 699 元
書　　號｜ BCCE0128P
ＩＳＢＮ｜ 978-986-241-594-8（平裝）

訂購服務
天下雜誌網路書店｜ www.cwbook.com.tw
親子天下網站｜ www.parenting.com.tw
書香花園｜台北市建國北路二段 6 巷 11 號　電話（02）2506-1635
劃撥帳號｜ 01895001 天下雜誌股份有限公司

親子天下 Education・Parenting Family Lifestyle
www.parenting.com.tw